PÉTITION

A L'ASSEMBLÉE NATIONALE.

PÉTITION

A L'ASSEMBLÉE

NATIONALE,

INDIQUANT

LES MOYENS D'ORGANISER ET D'INDIQUER LE TRAVAIL,

d'assurer le bien-être des populations ouvrières,

D'EMPÊCHER L'ÉMIGRATION DES HABITANTS DES CAMPAGNES,

D'EXTIRPER LE GERME DES RÉVOLUTIONS.

PÉRIGUEUX,

IMPRIMERIE FAURE ET RASTOUIL.

1848.

PÉTITION

A L'ASSEMBLÉE

NATIONALE,

INDIQUANT

LES MOYENS D'ORGANISER ET D'INDIQUER LE TRAVAIL,

d'assurer le bien-être des populations ouvrières,

D'EMPÊCHER L'ÉMIGRATION DES HABITANS DES CAMPAGNES,

D'EXTIRPER LE GERME DES RÉVOLUTIONS.

« La République doit protéger le citoyen dans sa personne, sa famille, sa propriété, sa religion, son travail, et mettre à la portée de chacun l'instruction indispensable à tous les hommes : elle doit, par UNE ASSISTANCE FRATERNELLE, assurer l'existence des citoyens nécessiteux, soit en leur procurant des TRAVAUX dans la limite de ses ressources, soit en donnant, à défaut de la famille, des secours à ceux qui sont hors d'état de travailler. » *(Art. 8 de la Constitution.)*

« ..... On dit : Le peuple souffre. Oui, Messieurs, il faudrait être bien barbare, bien cruel pour le méconnaître; mais je m'adresse à cette science nouvelle, si fière d'elle-même. Le peuple souffre! Qu'avez-vous trouvé pour lui? Si vous avez autre chose que des généralités dangereuses et souvent funestes, si vous avez un secret, UN MOYEN PRATIQUE, vous seriez coupables de ne pas l'apporter à cette tribune, et nous vous écouterons toutes les fois que, SANS ÉBRANLER LES PRINCIPES SOCIAUX, sans nous montrer une malveillance qui nous révolte, vous viendrez ici nous parler HUMAINEMENT, SENSÉMENT, nous écouterons avec une intention qui est égale chez tous, d'arriver à la vérité. »

(Paroles prononcées par M. Thiers dans la séance du 13 septembre 1848. Moniteur du 14 sept., n° 258.)

Citoyens Représentans, chargés par la nation de faire la Constitution, votre sollicitude doit aussi se porter sur les maux de la société, sur les lacunes qui existent dans le cercle des institutions sociales, et votre tâche aura été noblement remplie, si, tout en assurant le bien-être des populations utiles, laborieuses et honorables, vous préservez la France de ces déchiremens désastreux, de ces pages indignes d'un peuple généreux que recueillera l'histoire; si, en un mot, par le bonheur dans le travail, par l'ordre, qui prendra sa source dans le besoin de conservation, et aussi par la crainte d'équitables répressions, vous débarrassez la patrie du germe fatal des révolutions.

Permettez-moi, en vous signalant le mal tel que je le comprends, de vous soumettre le remède qui pourrait, j'en ai la conviction profonde, assurer à la France, cette mère de la civilisation, le bonheur, la gloire et surtout la tranquillité, qui lui est indispensable pour conserver son rang parmi les grandes nations du monde.

Citoyen obscur, ma pétition est celle d'un homme qui veut le bien, et non d'un homme politique. Je ne lui donnerai donc aucune couleur, attendu que toutes les améliorations que je demande intéressent tout gouvernement, qu'il s'appelle monarchie ou république.

Quels sont les principaux fléaux qui rongent et gangrènent la société, et qui, à certaines époques de la vie d'un peuple, lui font subir des crises sanglantes auxquelles, toujours, succèdent les haines, l'inaction et la misère?

Ces fléaux sont au nombre de cinq, Savoir :

L'oisiveté, qui conduit à la dégradation physique et morale;

L'ivrognerie, cause de l'abrutissement et source de bien des crimes;

La prostitution, bourbier dans lequel viennent s'enfouir, avilis, les sentimens les plus nobles et les plus saints;

La misère, soit qu'elle provienne d'une cause indépendante de la volonté de ceux qui sont sa proie, soit qu'elle devienne la conséquence inévitable des trois premiers vices;

Les bagnes, enfin, dont le système vicieux a été souvent

l'objet de sérieuses méditations, mais pour lesquels on n'a rien fait, quoique les besoins les plus impérieux de l'humanité et de la société réclament une nouvelle et plus saine organisation.

Voilà les véritables racines cancéreuses de la société. Le temps, qui est un remède à bien des maux, serait impuissant pour les extirper; il ne ferait qu'agrandir le sol où elles se fortifieraient.

Il n'y a qu'un cœur honnête, qu'une belle âme, qu'une volonté ferme, qu'une sollicitude digne des élus de la France, qui puisse, par de bonnes et promptes institutions sociales, panser cette large plaie, qui ne tardera pas à se cicatriser.

La dépravation, l'absence de foi, l'oubli des traditions, l'insouciance pour tout ce qui est beau, grand, généreux, patriotique, le mauvais exemple, le mauvais exemple surtout, sont autant de maladies qu'il faut guérir par un vaste système de moralisation.

L'État peut seul, dans un intérêt de salut public, se mettre à la tête de cette œuvre régénératrice. Il le peut, s'il le veut, et il le fera, car il y va de sa grandeur et de l'intérêt de tous ses enfans.

Mon but n'est pas d'arrêter le progrès, de nier la marche ascendante des idées, que rien ne peut entraver, mais d'en empêcher la réalisation et le triomphe par l'émeute et la révolution. Or, si la pensée est obligée de compter sans le peuple oisif, ce puissant auxiliaire, il ne lui restera plus que ses armes légales, pacifiques, indestructibles; mais aussi elle aura la force honorable qu'acquiert une vérité, tôt ou tard appréciée et authentiquement reconnue par l'imposante manifestation du vote universel, qui ne sera plus, à l'avenir, que le tribunal national.

Une société ne peut être sans l'État, la Famille et la Propriété.

L'État, le premier chaînon de cette indispensable trinité, doit, en bon père, couvrir de sa puissante protection, entourer de sa sollicitude la plus tendre, tous les membres qui composent la grande famille. L'État, en un mot, doit être le tuteur de ses mineurs.

Si son cœur doit gémir en présence des souffrances qui viennent frapper une partie de ses enfans, si son devoir est d'en rechercher la cause et d'y porter remède d'une manière prompte et efficace, son devoir aussi, le plus impérieux, est de sévir avec énergie contre ceux qui, ne comprenant pas l'existence par le travail, ne font qu'embarrasser et nuire à l'intelligente activité des autres, soit par les désordres dans lesquels ils sont poussés en restant oisifs, soit par le mécontentement d'eux-mêmes, qui les porte à être mécontens de tout, soit encore en étant toujours prêts à servir d'instrument à l'égoïsme, qui a pour masque la philanthropie; à l'ambition, qui prend celui du désintéressement.

Le travail est obligatoire; chacun doit vivre en travaillant. C'est un axiôme éternel.

La France, en état de calme et de sécurité, est assez grande, assez riche pour offrir du travail à tous ses enfans; car, outre l'industrie et les professions libres, n'y a-t-il pas la terre, cette mère nourricière qui leur tend les bras et qui n'a jamais connu l'ingratitude!

Pourquoi donc tant de mendians valides encouragés, pourquoi tant d'oisifs dangereux, pourquoi tant d'ivrognes dégradés, pourquoi tant de prostituées, tant de passions haineuses, d'égoïsme, de sourdes colères, si peu de confiance, de sentimens généreux, de patriotisme, de respect pour les lois, tant de misère enfin, tant de présages de ruine et de mort!

C'est qu'il y a dans la famille, souffrance physique, souffrance morale, et, depuis trop long-temps, funeste temporisation de la part de l'État. *Hâtons-nous d'agir, n'attendons pas qu'il soit trop tard.*

Le peuple se divise en deux catégories : Le peuple des campagnes et le peuple des villes.

Le premier, plus rapproché de la nature, sobre et laborieux, est un élément de fécondité pour la France; mais il a des besoins matériels et moraux que je passerai en revue, et dont il sera juste et bon de s'occuper.

Le second, moins nombreux mais plus turbulent, vivant au jour le jour, au sein des populations agglomérées, appelé à subir dans son travail des interruptions forcées, exposé à contracter de mauvaises liaisons, des habitudes funestes, le peuple des villes, est celui sur lequel l'État doit appesantir son regard vigilant.

Il peut se diviser en deux classes d'individus.

Les travailleurs honnêtes, économes, laborieux, bons citoyens ou bons pères; ceux-là sont dignes du plus vif et du plus tendre intérêt; ceux-là doivent être entourés d'une sollicitude d'autant plus grande, qu'ils sont, avec le peuple des campagnes, la véritable cheville ouvrière de la famille, les exécuteurs des idées savantes, les propagateurs du perfectionnement industriel et agricole, et, je ne crains pas de le dire, ceux qui contribuent le plus, soit en paix, soit en guerre, à la gloire et à l'honneur de la France, de quel côté qu'ils puissent jaillir.

Ce peuple que je viens de désigner, sait souffrir sans se plaindre. Il a l'âme chevaleresque, grande, généreuse; tous les bons sentimens sont en lui. Souvent, en proie à tous les chagrins domestiques, livré aux horreurs de la faim, il cachera sa noire misère, et il ne tendra pas la main, car sous sa veste de bure bat un cœur noble comme son courage, fier comme sa douleur; et si, sur les traits amaigris de cet homme du peuple, vous avez deviné ses angoisses, si, par votre générosité, vous y avez mis un terme, il n'a que sa vie pour fortune, mais il vous l'offre de bon cœur, et les larmes éloquentes qui mouillent ses paupières vous prouvent assez qu'il est sincère !

Quel trésor de bons sentimens n'avez-vous pas à exploiter !

De celui-là, de ce peuple, vous n'avez rien à redouter, si vous ne le repoussez pas du banquet commun, si vous lui prouvez que vous l'aimez autant qu'il est disposé à vous chérir.

L'autre partie, que j'appellerai demi-travailleurs ou paresseux, est celle qui peuple en grande partie les prisons, les bagnes, qui hante les mauvais lieux, qui joue, et qui, tous les jours, par le mauvais exemple, par les conseils pernicieux, en fait dévier de la bonne voie.

Ces mauvais travailleurs, ces fermens de discorde, l'État doit prendre des mesures à leur égard, d'abord, en mettant le travail à leur disposition et en employant les bons conseils; ensuite, en faisant usage de répressions exemplaires.

La conservation, la durée de la famille y sont intéressées. Chacun, pour rester enfant de la patrie, a des devoirs à remplir et des vices à éviter. La liberté ne saurait être la licence.

L'une est aussi indispensable que l'autre est nuisible, et l'intérêt général de la famille commande l'affection, la justice, autant qu'une rigoureuse sévérité.

C'est donc pour organiser et procurer le travail, pour assurer le bien-être des populations ouvrières, pour empêcher l'émigration des habitans des campagnes et améliorer l'agriculture, pour extirper le germe des révolutions, et en même temps pour entrer dans la voie du progrès social, d'une fraternité bien entendue et de la régénération de la société, que je viens vous demander, Citoyens Représentans, de vouloir bien prendre en sérieuse considération le projet de décret suivant, que j'abandonne à votre haute sagacité autant qu'à votre patriotisme.

CHAPITRE PREMIER.

Du Livret.

Article premier.

Dans les trente jours qui suivront la promulgation du présent décret, tout citoyen, quel qu'il soit, appartenant à la grande famille française, sera tenu, sous peine d'amende, de prendre un livret à la mairie du lieu où il est né.

Ce livret constatera son signalement; il relatera son acte de naissance, sa profession, ses moyens d'existence. Ce livret, pour tout individu porté sur le rôle des contributions, coûtera *trois francs,* tiendra lieu de passeport à l'intérieur de la France, sera valable pour deux ans, et contiendra quarante feuillets, numérotés, signés par le maire, et revêtus de son cachet. La signature du maire sera légalisée par le préfet ou le sous-préfet, et le cachet de l'un ou de l'autre sera apposé immédiatement au-dessous de la légalisation.

Tout individu non porté au rôle des contributions ne paiera le livret que *vingt-cinq* centimes.

Art. 2.

Le passeport, pour l'intérieur de la France, est supprimé et remplacé par le livret. Le livret de l'ouvrier des villes ou des campagnes indiquera son âge, son signalement, sa profession, son acte de naissance, sa commune, son département; en cas de déplacement, le motif de ce déplacement, et certains renseignemens moraux fournis par l'autorité municipale du lieu où il a domicile.

Art. 3.

Si le demandeur du livret est fonctionnaire public, il déclarera la qualité de ses fonctions et le lieu où il les exerce; s'il est rentier sur l'État, il indiquera la nature de la rente et le numéro de son inscription ; s'il est pensionnaire, il fera connaître la nature de la pension, le nom et la demeure de celui qui la sert, et si son débiteur est l'État, le numéro de l'inscription ; s'il est propriétaire, il désignera le département, l'arrondissement et la commune où sont situées ses propriétés ; s'il est avocat, avoué, notaire, huissier, banquier, agent de change, etc., etc., le lieu où il exerce.

Art. 4.

La déclaration ainsi faite sera signée par le citoyen qui l'aura formulée, et ce, en présence du maire ou de son adjoint, qui signera avec lui, tant sur le livret que sur un répertoire tenu et conservé dans chaque mairie, destiné à recevoir, en regard de chaque nom, des renseignemens pareils à ceux consignés sur le livret.

Art. 5.

Toute déclaration fausse de la part du signataire entraînera la peine de la prison, pendant cinq jours, et une amende qui variera de 50 fr., minimum, à 300 fr., maximum, selon la gravité du faux commis.

Art. 6.

Tout citoyen, à quelque classe de la société qu'il appartienne, qui, en voyage, ne sera pas porteur d'un livret revêtu des formalités indiquées aux articles 1, 2 et 3, sera mis en état d'arrestation jusqu'à ce qu'il ait été pris des renseignemens sur son compte, ou qu'il ait pu, par des témoignages honorables, justifier de son identité et de sa qualité.

Art. 7.

Tout citoyen qui voudra recevoir son livret moyennant 25 centimes, sera obligé de justifier, par une déclaration du percepteur du lieu où il a son domicile réel, qu'il n'est pas inscrit au rôle des contributions.

Art. 8.

Le livret sera obligatoire à partir de vingt ans révolus, pour tous les citoyens du sexe masculin et pour les femmes ou filles à gages, quel que soit leur âge. Toutefois, il pourra en être délivré, sur la demande des parens, à tout citoyen âgé de seize ans au moins, qui sera obligé de quitter son pays, soit pour se procurer ailleurs des moyens d'existence, soit pour tout autre motif.

Art. 9.

Pour les citoyens qui exercent des fonctions, un emploi ou une profession, ou pour ceux qui, sans avoir de profession, habitent un lieu autre que celui où ils sont nés, le livret ne pouvant être pris et délivré qu'au lieu de la naissance, ils pourront, afin d'éviter tout déplacement, écrire eux-mêmes, sur papier libre, en présence du maire de la localité, la déclaration exigée à l'article 3. Cette déclaration, signée d'eux et du magistrat en présence duquel elle aura été rédigée, portera le cachet de ce dernier, le signalement du demandeur, et sera envoyée au maire du lieu de la naissance, par les soins de celui sous les yeux duquel la demande aura été formée. Le maire du lieu de la naissance, sur le vu de cette pièce, qu'il conservera dans les archives, en mentionnera l'existence tant sur le répertoire que sur le livret, qu'il renverra au fonctionnaire qui lui aura transmis la demande, lequel en fera remise au titulaire, qui alors seulement, sous les yeux du même fonctionnaire, signera avec lui sur le livret, et remettra 3 francs, ou 25 centimes, selon la catégorie à laquelle il appartiendra.

Reçu de ce livret sera en outre donné par la partie, sur un registre établi à cet effet et qui restera déposé à la mairie.

ART. 10.

La même facilité sera donnée aux citoyens qui ne pourront ou ne sauront signer; seulement, la déclaration qu'ils feront devant le maire devra être attestée par deux témoins patentés, qui signeront et demeureront responsables des faits qu'ils auront certifiés. Lors de l'envoi du livret, la remise n'en sera faite à la partie illettrée qu'en présence des deux mêmes témoins, qui signeront avec le fonctionnaire, ainsi qu'il est dit à l'article 9.

ART. 11.

Au lieu de la naissance, le maire ne délivrera de livret, au citoyen qui viendra le réclamer et qui ne sera pas personnellement connu de lui, que sur la représentation de la dernière quittance de son loyer, ou de la quittance du percepteur, ou de toute autre pièce établissant son identité.

ART. 12.

Chaque livret pris à la mairie du lieu de la naissance devra, vingt jours après le retrait qui en aura été fait, sous peine d'une amende de 50 fr., et ce, sauf le cas de motifs légitimes dont il faudra justifier, être présenté par le titulaire en personne au visa du maire du domicile réel, qui apposera son cachet après s'être assuré, au moyen du signalement, de l'identité de l'individu.

ART. 13.

En cas de perte d'un livret, il pourra en être délivré un autre moyennant 1 fr. pour ceux qui le paient 5 fr., et 15 c. pour ceux qui le paient 25 c., au lieu de la naissance, en faisant une déclaration de perte sous les yeux du maire du domicile réel du réclamant. Ce magistrat se chargera de transmettre la demande à qui de droit, et d'en faire ultérieurement la remise à la partie, qui signera en sa présence sur le livret délivré *pro duplicata*, et en remettra le prix.

CHAPITRE II.

De l'Organisation et de l'Indication du Travail.

Art. 14.

Dans les quinze jours qui suivront la promulgation du présent décret, tout citoyen appartenant à n'importe quel corps d'état, n'importe quelle profession : marchand, fabricant, propriétaire faisant construire accidentellement, ou entrepreneur permanent de constructions, sera tenu, sous peine d'une amende de 50 fr., d'envoyer sa déclaration par écrit, à la mairie de son domicile, du nombre d'ouvriers qu'il emploie par jour, au mois ou à l'année, ainsi que du nombre de ses domestiques, avec désignation de sexe, afin que le maire, chef de la famille, puisse toujours se rendre compte des bras occupés, des ressources et des besoins de ses administrés. Chaque patron, dans sa déclaration, donnera des notes sur ses ouvriers, indiquera le montant de son salaire, son aptitude, ses charges et sa moralité. Chaque fois qu'un changement se produira dans son personnel, il en instruira immédiatement le maire de sa localité, et motivera le départ du travailleur.

Un registre matricule sera scrupuleusement tenu à cet effet dans chaque mairie; de sorte que le dénombrement de tous les citoyens travailleurs d'une même commune étant fait, et ce dénombrement étant rapproché des états fournis par les patrons, établissant l'emploi ou la possibilité de l'emploi de certains d'entr'eux, permettra au maire d'apprécier en un clin-d'œil, au moyen des renseignemens indiqués, si le travail manque aux hommes présens, ou si les bras des hommes manquent au travail. Un autre registre sera également tenu pour les étrangers à la commune vivant momentanément dans son sein. Le répertoire concernant les étrangers sera tenu par ordre de département, et celui relatif aux originaires de la commune, par lettre alphabétique.

Art. 15.

Le maire de chaque commune située dans un arrondissement, enverra tous les mois un état au maire du chef-lieu d'arrondissement. Ce magistrat indiquera dans cet état les besoins de bras dans sa commune, concernant tel ou tel corps d'état, soit dans l'agriculture, soit dans l'industrie, ou fera connaître si le travail est en rapport avec le nombre des travailleurs. Le maire du chef-lieu d'arrondissement produira à son tour un état semblable pour sa commune. Il l'adressera au maire du chef-lieu de chaque département et d'arrondissement, avec un relevé sur lequel il indiquera les communes comprises dans l'arrondissement, qui auront signalé leurs besoins et la nature de ces besoins. Le maire du chef-lieu de département procèdera de la même manière en ce qui concerne la commune chef-lieu et les communes de l'arrondissement. Ce sont ces états qui, échangés scrupuleusement tous les mois entre tous les maires de France placés seulement au chef-lieu de département et d'arrondissement, par ou sans l'intermédiaire des préfets et des sous-préfets, permettront de diriger en toute sécurité sur telle ou telle résidence, avec itinéraire tracé et secours de route, les ouvriers qui viendraient à manquer de travail dans telle ou telle localité. Minute des états dont il a été parlé sera conservée dans les mairies, sur un répertoire ouvert à cet effet.

Ce seront les maires placés au chef-lieu de département et d'arrondissement, qui, en véritables appréciateurs des besoins et des ressources des localités, dirigeront les travailleurs sans emploi.

Dans le courant d'un mois, et aussitôt que les besoins d'un arrondissement auront été pourvus, le maire de cet arrondissement en fera part à tous les maires avec lesquels il correspond, afin d'empêcher les directions inutiles.

Nota. — Des imprimés étant disposés à cet effet, le travail concernant l'avis à donner en pareille occasion se réduirait à fort peu de chose. En effet, il suffirait de signer un état imprimé sur lequel il y aurait, par exemple, ces mots : *Les besoins étant satisfaits, ne plus diriger aucun travailleur.*

Pour rendre ma pensée plus saisissable, j'ai disposé un tableau destiné à faire comprendre les relations qui devront exister entre les maires des communes, ceux des arrondissemens et ceux des départemens. J'ai également établi un modèle des états à fournir par chacun de ces magistrats.

(Suivent les tableaux.)

LE DÉPARTEMENT DE LA DORDOGNE PRIS POUR EXEMPLE.

(*Tableau destiné à expliquer l'article* 15.)

	Bergerac, mairie du chef-lieu d'arrondissement.		
MAIRIES composant LES COMMUNES de cet arrondissem[t].	Commune	A.	Toutes ces communes adresseront leurs états au maire du chef-lieu d'arrondissement, à Bergerac.
	Idem	B.	
	Idem	C.	
	Idem	D.	
	Idem	E.	
	Idem	F.	
	Idem	G.	
	Idem	H.	
	Idem	I.	
	Nontron, mairie du chef-lieu d'arrondissement.		
Idem.......	Commune	A.	Toutes ces communes adresseront leurs états au maire du chef-lieu d'arrondissement, à Nontron.
	Idem	B.	
	Idem	C.	
	Idem	D.	
	Idem	E.	
	Idem	F.	
	Idem	G.	
	Idem	H.	
	Idem	I.	
	Ribérac, mairie du chef-lieu d'arrondissement.		
Idem.......	Commune	A.	Toutes ces communes adresseront leurs états au maire du chef-lieu d'arrondissement, à Ribérac.
	Idem	B.	
	Idem	C.	
	Idem	D.	
	Idem	E.	
	Idem	F.	
	Idem	G.	
	Idem	H.	
	Idem	I.	
	Sarlat, mairie du chef-lieu d'arrondissement.		
Idem.......	Commune	A.	Toutes ces communes adresseront leurs états au maire du chef-lieu d'arrondissement, à Sarlat.
	Idem	B.	
	Idem	C.	
	Idem	D.	
	Idem	E.	
	Idem	F.	
	Idem	G.	
	Idem	H.	
	Idem	I.	
	Périgueux, mairie du chef-lieu d'arrondissement.		
Idem.......	Commune	A.	Toutes ces communes adresseront leurs états au maire du chef-lieu d'arrondissement, à Périgueux.
	Idem	B.	
	Idem	C.	
	Idem	D.	
	Idem	E.	
	Idem	F.	
	Idem	G.	
	Idem	H.	
	Idem	I.	
BERGERAC, mairie du chef-lieu d'arrond.			Le maire de chacun de ces arrondissemens correspondra avec tous les maires de France placés seulement au chef-lieu d'arrondissement et de département.
NONTRON, *idem.*			
RIBÉRAC, *idem.*			
SARLAT, *idem.*			
PÉRIGUEUX, *idem.*			

MODÈLE DE L'ÉTAT A FOURNIR AU MAIRE DU CHEF-LIEU D'ARRONDISSEMENT

PAR LE MAIRE DE CHAQUE COMMUNE SITUÉE DANS L'ARRONDISSEMENT.

Mois de janvier 1849. *Situation de la commune d , arrondissement d*

NOMBRE des travailleurs occupés.	Professions	NOMBRE des travailleurs qui pourraient être occupés en raison du travail à faire et des demandes faites.	Professions	NOMBRE des travailleurs pouvant être dirigés ailleurs, le travail et les besoins ne suffisant pas aux bras présens.	Professions	NOMBRE des DOMESTIQUES sans place.		PROFESSIONS DES		DIRECTION donnée aux travailleurs non occupés et date de cette direction.	DATE de l'arrivée à destination et noms des ouvriers arrivés.
						FEMMES	HOMMES	FEMMES	HOMMES		

MODÈLE DE L'ÉTAT A FOURNIR PAR LE MAIRE DU CHEF-LIEU D'ARRONDISSEMENT

AU MAIRE DE CHAQUE CHEF-LIEU DE DÉPARTEMENT ET D'ARRONDISSEMENT.

Mois de janvier 1849. *Situation de l'arrondissement d , département d*

NOMBRE des travailleurs occupés.	Professions	NOMBRE des travailleurs qui pourraient être occupés en raison du travail à faire et des demandes faites.	Professions	NOMBRE des travailleurs pouvant être dirigés ailleurs, le travail et les besoins ne suffisant pas aux bras présens.	Professions	NOMBRE des DOMESTIQUES sans place.		PROFESSIONS DES		DIRECTION donnée aux travailleurs non occupés et date de cette direction.	DATE de l'arrivée à destination et noms des ouvriers arrivés.
						FEMMES	HOMMES	FEMMES	HOMMES		

Noms des communes situées dans l'arrondissement d
indiquant leur situation, SAVOIR :

Commune... A. Demande tant d'individus de telle ou telle profession.
Commune... B. Les ouvriers présens suffisent au travail. — Inutilité d'en augmenter le nombre. — Ne seraient pas reçus.
Commune... C. A tel nombre d'ouvriers appartenant à telle et telle profession en sus de ses besoins. — Les diriger ailleurs.
Commune... D. Etc., etc., etc.
Commune... E. Etc., etc., etc.

ART. 16.

Le maire de chaque commune veillera avec une scrupuleuse attention à ce que le nombre de ses administrés ne s'augmente que d'individus porteurs de livrets en règle, justifiant de leurs moyens d'existence. Le décès de tout citoyen étranger à la commune où il habite et travaille, sera notifié, dans le délai de quinze jours, au maire de la commune où il est né.

ART. 17.

Dans chaque mairie, un bureau, ouvert de neuf heures du matin à cinq heures du soir, sera spécialement chargé de recevoir, à l'arrivée, les ouvriers parvenus à destination. Le maire visera le livret, et indiquera, selon l'état du travailleur, l'atelier ou l'endroit où il pourra se présenter pour utiliser son industrie. Tout individu qui, arrivé au lieu de sa destination, aura laissé passer vingt-quatre heures sans faire visiter son livret à la mairie, pourra être mis en état d'arrestation.

ART. 18.

Le maire de la ville chef-lieu de département ou de la ville chef-lieu d'arrondissement, qui dirigera un ou plusieurs travailleurs sur telle ou telle commune où il saura, par les états mensuels, qu'ils pourront être occupés, non-seulement le consignera sur le livret en traçant l'itinéraire, mais encore en donnera immédiatement avis au maire de cette commune, et indiquera la date du départ.

ART. 19.

Tout travailleur sans ouvrage se présentera devant le maire du chef-lieu du département ou de l'arrondissement, qui lui en indiquera, soit dans sa commune, soit ailleurs.

CHAPITRE III.

Des Voies répressives.

Art. 20.

Dans chaque commune de France, il sera établi un conseil de famille ou de conservation sociale, composé de douze membres, choisis parmi les patrons et les ouvriers les plus honorables, et élus pour cinq ans, par tous les habitans de chaque commune.

Ce conseil s'assemblera sous la présidence du maire, dans un local situé à la municipalité, chaque fois qu'il s'agira d'infliger les punitions désignées ci-dessous à un travailleur qui aura, pour quelque motif que ce soit, à l'exception de ceux passibles des tribunaux, manqué à ses devoirs de bon et d'honnête citoyen.

Art. 21.

Les punitions infligées à l'ouvrier paresseux, ivrogne, turbulent ou dangereux, ainsi qu'à celui qui ne voudrait pas vivre en travaillant, seront, Savoir :

Pour la première fois,

La réprimande, prononcée par ses frères, sans insertion au journal de la localité ou de la ville la plus proche, et sans mention sur le livret.

En cas de récidive,

La réprimande, prononcée par les mêmes, avec mention sur le livret, sur le répertoire de la mairie, et insertion du procès-verbal au journal.

Pour la troisième fois,

Si le travailleur est dans le lieu de sa naissance, de trois à dix jours de prison, selon les fautes commises, avec mention du procès-verbal sur le livret. S'il est dans une commune adoptive, renvoi de cette commune dans celle où il est né, avec mention sur le livret du motif qui a dicté cette mesure, et avis donné par le maire de la famille dans le sein de laquelle la punition aura été infligée, au maire de celle où le travailleur sera renvoyé.

Pour la quatrième fois,

Renvoi de la grande famille comme homme dangereux, incorrigible et nuisible à la société, transportation à temps ou à perpétuité, selon l'âge et la nature des reproches encourus, soit en Algérie, soit dans la Camargue, soit dans une des autres colonies appartenant à la République, où l'État mettra encore à sa disposition des terrains, et, à titre d'avances, des instrumens aratoires.

ART. 22.

Les femmes des condamnés à la transportation seront libres de suivre leur mari avec les enfans issus du mariage; mais elles ne pourront, en aucun cas, y être contraintes. Il en sera de même pour les enfans qui auront seize ans et au-dessus; ils pourront suivre leur père, mais ils ne pourront, en aucun cas, y être forcés.

ART. 23.

Les transportations auront lieu de trois mois en trois mois, aux frais et sur les bâtimens de l'État. Au fur et à mesure des condamnations prononcées, les transportés, selon la possession française pour laquelle ils auront été désignés, seront dirigés sur l'un des ports de la République, et, en attendant le départ des bâtimens, ils seront placés dans les maisons centrales de ces ports, essentiellement séparés des condamnés criminels.

ART. 24.

Avis, par affiches placées dans la commune du domicile de la femme et des enfans du condamné à la déportation, sera donné un mois à l'avance, et faute par eux de se trouver au port indiqué à l'époque prescrite, il leur faudra attendre le départ fixé au trimestre suivant.

CHAPITRE IV.

Des Caisses communales fraternelles.

Art. 25.

Dans chaque mairie, une caisse communale fraternelle sera établie et alimentée chaque année par un impôt progressif payé par tous les citoyens d'une même commune, et dont le maximum, pour l'individu le plus riche, ne pourra jamais excéder 3 fr. par mois. Tous les citoyens d'une même commune seront associés, et les ouvriers et domestiques des deux sexes, non inscrits au rôle des contributions, verseront, Savoir :

Ceux qui gagneront plus de 2 fr. par jour, 50 c. par mois;

Ceux qui gagneront moins de 2 fr. par jour, 25 c. par mois.

Pour les ouvriers travaillant au mois chez un patron, c'est le patron qui opèrera la retenue et le versement de l'impôt; pour ceux qui travaillent tantôt chez l'un, tantôt chez l'autre, ils verseront eux-mêmes. Pour les domestiques des deux sexes, ce seront les maîtres qui verseront par mois, en opérant la retenue sur les gages.

Art. 26.

Cette caisse sera essentiellement destinée, 1° à faire soigner le travailleur pendant sa maladie; 2° à solder les dépenses résultant de sa maladie; 3° à l'aider pendant sa convalescence; 4° à empêcher surtout qu'il ne paie jamais le pain plus cher que 25 c. le kilogramme, toute différence au-dessus de ce chiffre étant servie par la caisse fraternelle aux boulangers fournisseurs; 5° à prendre soin des invalides originaires de la commune seulement, et à vêtir convenablement les enfans.

Art. 27.

Les fonds de la caisse fraternelle de chaque commune profiteront exclusivement aux citoyens de cette commune. Toutefois, tout étranger de passage, malade, aura, par sa maladie et pendant le temps de sa maladie, acquis le droit de cité, et sera traité avec plus d'humanité encore, s'il est possible.

Art. 28.

Une commission municipale d'honneur, composée, selon l'importance des localités, de six, de douze ou de vingt-quatre membres, pris dans le sein du conseil municipal de chaque commune, sera chargée de parcourir, une fois par mois, les différens quartiers de la ville, surtout, ceux occupés par la classe ouvrière, et s'enquerrera des besoins des citoyens. Cette commission les signalera au conseil, qui demeurera toujours le dispensateur principal des fonds de la caisse fraternelle.

Art. 29.

Tout sociétaire nécessiteux pourra participer aux avantages de la caisse communale.

Art. 30.

Le paiement de cet impôt aura lieu par semestre, sur quittance à souche non timbrée; toutefois, les ouvriers paieront par mois.

Art. 31.

Le recouvrement en sera fait par les percepteurs, auxquels il ne sera alloué qu'une remise équivalente à leurs déboursés pour tenue de livres. Les imprimés leur seront fournis.

Toutefois, chaque comptabilité devant être communale, et les perceptions comprenant assez généralement plusieurs communes, là où ne résidera pas le percepteur, le recouvrement sera fait par le secrétaire de la mairie, auquel il sera alloué un traitement supplémentaire payé par l'État. Ce secrétaire versera un cautionnement calculé sur l'importance des recouvremens, et recevra les imprimés nécessaires au service.

ART. 32.

Le citoyen qui aura une habitation rurale et une habitation en ville, paiera l'impôt dans la commune où sera située la première, et ne paiera pas dans la seconde.

ART. 33.

Tout travailleur appartenant à la catégorie de ceux qui paieront eux-mêmes leur impôt fraternel, présentera son livret à l'agent chargé du recouvrement, qui fera la mention du paiement et signera. Les maîtres et patrons seront porteurs des livrets appartenant à leurs domestiques ou ouvriers, et feront mentionner le paiement.

ART. 34.

Sauf le cas de maladie, tout travailleur qui aura laissé passer six mois sans acquitter son impôt, sera rayé de la société de la commune pour un an, et ne profitera pas, pendant cette année, des bienfaits auxquels il aurait eu droit, s'il avait été exact.

ART. 35.

Tout ouvrier, avant de quitter la commune où il travaille, devra justifier, par son livret, qu'il a payé son impôt fraternel jusqu'au jour de son départ. A partir du 16 de chaque mois, l'impôt sera dû pour le mois commencé dans la commune que quitte le travailleur.

Art. 36.

Arrivé dans la ville où il aura été dirigé ou voulu s'établir, il continuera à payer son impôt fraternel, et jouira, dans sa nouvelle résidence, des mêmes avantages et des mêmes droits que celui qui paiera depuis le commencement de l'année.

Art. 37.

A l'expiration de chaque année, un compte des recettes et dépenses, concernant la caisse fraternelle, appuyé des pièces justificatives d'emploi, sera rendu par le conseil municipal, imprimé et adressé dans chaque commune à vingt des plus imposés, auxquels on ne pourra refuser la communication des documens authentiques qui auront servi à l'établissement du compte.

Art. 38.

En fin d'année, le restant sans emploi dans chaque commune servira à acheter des rentes au nom de la caisse fraternelle, et, si les circonstances le permettent, ces rentes, qui seront inaliénables, serviront à créer des ateliers communaux, où les bras, dans toutes les circonstances, pourront être utilisés.

CHAPITRE V.

Des Récompenses matérielles et morales dans les villes et dans les campagnes.

Art. 39.

Dans chaque mairie de France, une colonne d'honneur sera élevée sur une des places principales de la commune.

Art. 40.

Tout citoyen, de la ville ou de la campagne, qui se sera distingué par une belle action, un acte de dévouement, de probité, de courage ou de désintéressement, authentiquement constatés, recevra une médaille de bronze ou d'argent, et une récompense pécuniaire, une fois donnée, au lieu de sa résidence, et son nom sera gravé en lettres d'or sur la colonne d'honneur du lieu de sa naissance. Mention de la belle action sera faite sur le livret.

ART. 41.

Tout citoyen, dont le nom aura été inscrit dix fois sur la colonne d'honneur, recevra la croix civique d'or, laquelle lui donnera droit à une pension viagère annuelle de 250 fr.

ART. 42.

La croix civique d'or sera attachée par un ruban, aux couleurs nationales, sur la poitrine de celui qui l'aura méritée.

Elle pourra avoir la forme indiquée ci-contre (*Voir le n° 1*), et, dans l'exergue de cette médaille, sera gravée cette devise : *L'honneur est le seul titre de noblesse consacré par la République.*

ART. 43.

Sur le revers, seront gravés les nom, prénoms et qualités du décoré, ainsi que les motifs de la récompense obtenue.

ART. 44.

Cette croix civique sera donnée, à la suite d'une revue de la garde nationale, par le maire de la commune, en présence des autorités assemblées, et un ban d'honneur sera battu pendant que le maire attachera, sur la poitrine du citoyen, cette récompense nationale.

ART. 45.

Un brevet, signé du président de la République, accompagnera la médaille, constatera les divers actes qui l'ont fait accorder, et fera connaître la date de la jouissance de la pension, qui sera payée par trimestre, sur production d'un certificat de vie délivré gratis par le maire.

ART. 46.

La médaille de bronze et d'argent aura la même forme que celle d'or; la devise sera la même, et rapportera au titulaire, savoir :

La médaille de bronze.................... 30 fr.
La médaille d'argent..................... 50

Ces sommes seront une fois données. Mention des médailles obtenues sera faite au livret.

Dix médailles de bronze ou six médailles d'argent vaudront la croix civique.

ART. 47.

Tout citoyen, décoré de la croix civique, qui aura été convaincu d'avoir excité à l'insurrection ou d'y avoir pris part, sera dégradé publiquement, et perdra sa pension.

Tout citoyen, décoré de la médaille de bronze ou d'argent, convaincu du même crime, perdra sa médaille, et son nom sera effacé de la colonne d'honneur.

ART. 48.

Dans chaque canton, il sera établi un jury agricole. Ce jury aura autant de membres qu'il y aura de communes dans le canton. Ces membres seront pris parmi les citoyens les plus versés en agriculture, à quelque position qu'ils appartiennent, et, autant que possible, parmi ceux qui auront déjà fait des essais de culture. Ils seront élus pour cinq ans par les habitans des communes formant le canton, et l'élection aura lieu au chef-lieu de canton.

ART. 49.

Tous les ans, à l'époque que l'on jugera opportun de désigner, les membres de ce jury s'assembleront au chef-lieu de canton, et feront un rapport sur les modes de culture qu'ils auront vu employer, sur les récoltes qui en auront été le résultat, sur les dépenses faites, et le produit.

Ils tiendront grand compte surtout de l'industrie et du travail qui auront fécondé un terrain de nature médiocre ou mauvaise, soit par des amendemens au moyen de transport de terres, soit par des irrigations, soit par l'assainissement de terrains humides, soit, enfin, par le détour imposé aux eaux torrentielles, afin de leur donner une direction utile ou non préjudiciable.

Les plantations devront également attirer leur attention, eu égard à l'essence de l'arbre, aux précautions prises pour la plantation, à la nature du sol où elle aura été opérée, à l'espacement des sujets, à leur provenance et à leur venue.

ART. 50.

Chaque jury enverra son rapport et ses propositions au préfet, qui assignera, autant que possible, pour le jour de la distribution des primes et récompenses, celui de la fête patronale, et, pour lieu de cette distribution, le chef-lieu de canton.

ART. 51.

Il y aura des récompenses et des mentions distinctes pour chaque grande division du travail ou de la culture : terres, vignes, prés, bois, éducation des bestiaux et belle tenue des attelages.

ART. 52.

Ces récompenses seront, savoir :

La médaille de bronze, La médaille d'argent, La médaille d'or, La croix agraire,	Accompagnées de brevets signés par le président de la République.
La mention honorable, premier degré, La mention honorable, deuxième degré,	Sans brevets.

ART. 53.

Celui qui aura obtenu la médaille de bronze recevra un brevet signé du président de la République et une somme de 60 fr. une fois donnée.

Celui qui aura obtenu deux années de suite la médaille de bronze recevra un brevet, une somme de 30 fr., une fois donnée, et un des instrumens aratoires perfectionnés, approprié au sol qu'il travaille et propre à son amélioration.

Mêmes avantages à celui qui aura obtenu pendant quatre années de suite la médaille de bronze.

Si le même individu, la cinquième année, est l'objet d'une pareille distinction, il sera décoré de la médaille d'argent, qui entraînera avec elle le paiement d'une somme de 300 fr. une fois donnée.

Celui qui aura obtenu six médailles de bronze et une d'argent, recevra la médaille d'or, qui lui rapportera une pension annuelle viagère de 125 fr., dont les arrérages lui seront payés par trimestre, et sur production d'un certificat de vie délivré gratis par le maire.

Celui qui aura obtenu six médailles de bronze et deux d'argent sera décoré de la croix agraire, qui rapportera une pension viagère annuelle de 250 fr.

ART. 54.

Les femmes recevront aussi des récompenses.

Ces récompenses seront également décernées par le jury agricole de chaque canton. Elles seront données, savoir :

A la bergère, } pour les bons soins donnés aux bestiaux.
A la porchère, }

A la laitière, pour les produits de la laiterie.

A la fileuse, pour la plus belle pièce de toile ou le plus beau fil, etc., etc.

Art. 55.

Chaque jury agricole ne pourra disposer que de trois médailles de bronze par canton.

Art. 56.

L'exemption du service militaire sera acquise à l'un des fils de celui qui aura obtenu la croix agraire, à la condition, toutefois, que l'exempté contractera l'engagement de rester agriculteur pendant quinze ans. L'exemption du service militaire pourra être également accordée aux jeunes cultivateurs chez lesquels le jury aura reconnu une haute intelligence agricole, à la condition qu'ils contracteront l'engagement de servir dans l'agriculture pendant vingt ans.

Art. 57.

La croix agraire aura la forme d'un écusson entouré de branches de chêne et d'épis de blé. (*Voir le n° 2.*) L'écusson sera en or, les épis et les branches de chêne seront en argent.

Sur l'écusson seront gravés ces mots : *Honneur à l'agriculteur. — Croix agraire.*

Sur le revers seront gravés les nom et prénoms du citoyen, ainsi que le motif de la décoration dont il aura été l'objet, laquelle sera donnée, avec le plus de solennité possible, au chef-lieu de l'arrondissement ou au chef-lieu de département, et comme il est expliqué à l'article 44.

Art. 58.

La médaille d'or sera ronde, un peu plus large qu'une pièce de 40 fr., aura les rebords entourés de deux épis de blé et de deux branches de chêne en argent, et portera, gravés sur sa face, ces mots : *Honneur à l'agriculteur. — Médaille agraire.* (*Voir le n° 3.*)

Sur le revers, les nom et prénoms du citoyen, avec les motifs de la distinction obtenue. Les médailles de bronze et d'argent seront pareilles à celles en or.

ART. 59.

Inscription de toutes les médailles et mentions honorables obtenues sera faite, par le jury, sur le livret, ainsi que sur un répertoire établi à cet effet à la mairie du chef-lieu de canton.

CHAPITRE VI.

Des Fonds provenant de la vente du Livret.

ART. 60.

Les fonds provenant de la vente du livret seront versés, à un compte ouvert à cet effet, dans les caisses de l'État, et serviront à assurer le service résultant de l'organisation du travail et des caisses communales fraternelles, ainsi que l'accomplissement des promesses faites aux articles 40, 41, 45, 46, 52, 53 et 54 du chapitre V, intitulé : *Des récompenses matérielles et morales.*

ART. 61.

Tous les deux ans, le livret de chaque individu sera renouvelé ; les fonds seront versés dans les caisses de l'État, et auront le même emploi que celui indiqué à l'article 60.

ART. 62.

Le 2 janvier de la 3e année, chaque citoyen domicilié ou non domicilié au lieu de sa naissance recevra un nouveau livret en échange de l'ancien, qui restera déposé dans les archives de la mairie du lieu de son domicile. Le nouveau livret mentionnera les punitions ou récompenses consignées sur l'ancien.

Les dispositions indiquées à l'article 9 du chapitre intitulé : *Du livret,* ne concerneront que ceux qui prendront le livret pour la première fois. Ce livret ne pourra jamais être délivré que par le maire du lieu de la naissance.

ART. 63.

Le livret étant obligatoire pour tout citoyen âgé de vingt ans révolus, chaque année le produit de la vente faite aux citoyens qui auront atteint vingt ans sera versé ainsi qu'il est dit aux articles 60 et 61, et réparti, chaque trimestre ou chaque année, entre toutes les caisses communales fraternelles.

CHAPITRE VII.

Des Bagnes.

ART. 64.

A partir du 1er janvier 1849, tous les individus détenus dans les bagnes ne rentreront, à l'expiration de leur peine, dans le sein de la grande famille, qu'après avoir été, par jugement, réhabilités solennellement, aux yeux du pays tout entier.

ART. 65.

Ces détenus seront, aussitôt leur sortie des bagnes, dirigés, soit sur l'île de la Camargue, soit sur l'une des colonies appartenant à la République, où des terrains et des instrumens aratoires seront mis à leur disposition.

ART. 66.

Dans ces colonies, et, selon la conduite qu'ils auront tenue pendant leur séjour dans les bagnes, ils subiront un temps d'épreuve de trois, quatre, six ou dix années.

ART. 67.

Avant leur départ de la colonie pour la France, un jugement les réhabilitera solennellement, et, un mois après que le jugement aura été publié et affiché dans toutes les mairies de France, ils rentreront dans la plénitude de leurs droits civils, et un livret leur sera délivré sous un nom autre que celui sous lequel ils auront encouru la flétrissure publique.

ART. 68.

Tout individu qui appellera du nom de forçat un condamné réhabilité, ou qui, après l'avoir reconnu, aura cherché à lui nuire dans l'esprit de celui chez lequel il travaillera, en dévoilant ses antécédens, sera traduit devant le tribunal de police correctionnelle, et condamné à une amende de 500 fr., minimum; à 1,000 fr., maximum. Si le délinquant est insolvable, il sera condamné de six mois à un an de prison.

ART. 69.

La surveillance est abolie sur toute l'étendue du territoire de la France; mais les dispositions contenues à l'article 65 seront appliquées à tout individu auquel cette peine aura été infligée par les tribunaux.

ART. 70.

Les forçats qui, par leur bonne conduite au bagne, auront été graciés, ne subiront que deux années d'épreuve dans les colonies ou dans l'île de la Camargue, et, à l'expiration de ce temps, si les rapports fournis sont favorables, les mesures indiquées à l'article 67 leur seront appliquées.

Tels sont, Citoyens Représentans, les sept chapitres sur lesquels j'appelle votre bienveillante attention.

Je me suis efforcé de vous présenter un projet pratique, humain, et je crois pouvoir dire sensé, d'une exécution peu coûteuse pour l'État, déjà si obéré, si chargé; je me suis efforcé de rester, en un mot, dans les termes de l'article VIII de la Constitution que vous venez de voter, et de l'épigraphe mise au frontispice de cette pétition. N'appartenant à aucune école, je ne vous présente point un système; je vous offre seulement des idées, imparfaitement développées, sans doute, mais qui, étudiées et présentées par une haute intelligence, pourront peut-être faire sonner la première heure d'une régénération sociale, de laquelle dépend, non-seulement le salut de la République, mais encore, peut-être, le salut de la France.

Les peuples ont leur enfance, leur virilité, leur gloire, leur splendeur, leur vieillesse et leur mort!

L'histoire est là; elle nous marque du doigt l'époque de cette vieillesse et la cause de cette mort. Profitons de ses leçons!

Un peuple, arrivé à la vieillesse et à l'apogée de sa civilisation, doit, pour vivre long-temps, fort, honoré et respecté, s'appuyer sur le droit, la justice et la morale.

Nous avons fait un grand pas sur le sol mouvant de la corruption, marchons hardiment sur celui plus sûr de la moralisation. Ne faisons pas descendre la première classe à la seconde, mais élevons la seconde à la première; c'est une œuvre à laquelle chacun voudra s'associer.

En excitant l'émulation des laboureurs, en développant le travail agricole, en l'étendant, le multipliant, vous vaincrez la misère.

En augmentant le bien-être des populations des villes, vous les moraliserez, vous vous les attacherez, vous éteindrez les torches brûlantes et lugubres de la discorde, et vous finirez par inculquer dans le cœur de tous, les devoirs si grands et si simples qu'impose ce mot sublime : la fraternité!

Vous n'aurez plus à craindre ces crises terribles où la population se voit privée de tous moyens d'existence, car, d'une part, en admettant que vous n'ayez pas toujours du travail à indiquer, et c'est une question qui est encore à l'état de problème, vous aurez vos caisses communales fraternelles, et, de l'autre, dans le cas où, pendant quelques momens difficiles, elles seraient insuffisantes, ne sommes-nous pas tous en droit de compter sur cet or, ruisselant par tous les pores du cœur français, qui viendra se répandre dans les coffres de l'humanité, cette première mère adoptive de notre belle patrie!

La propriété du pauvre, quelqu'un l'a dit avant moi, la seule propriété de l'ouvrier, c'est le travail, et c'est parce qu'il n'en a pas d'autre, que, sans ébranler les principes sociaux, j'ai voulu vous indiquer le moyen de lui en fournir, ou de le mettre à l'abri de la misère et de la faim quand le travail manque absolument, ou qu'il est inactif par suite de maladie.

Je vais tâcher maintenant, Citoyens Représentans, en procédant par ordre de chapitres, de répondre par anticipation aux critiques qui peuvent atteindre certaines parties de ce travail.

Si je m'écarte quelquefois du sentier du vrai, au moins serai-je toujours dans celui de la bonne foi, et c'est en faveur de ce dernier sentiment que j'invoque toute votre indulgence.

CHAPITRE PREMIER.

Du Livret.

Connaissant la position financière actuelle de la France, j'ai dû, avant de penser à vous soumettre mon projet, songer aux moyens de me procurer les ressources qui me sont indispensables pour le mettre à exécution.

Ces ressources, ainsi que vous pourrez vous en convaincre par le budget que j'ai établi plus loin, je les possède en grande partie au moyen du passeport que je supprime, et que je remplace par un livret, obligatoire pour tout citoyen français.

Les passeports produisent annuellement à l'État la somme de 743,234 fr. Je vous en demande l'abandon.

Ce livret, qui sera valable pour deux ans, ne sera payé 3 fr. que par ceux qui aujourd'hui paient le passeport 2 fr. Tous les autres, dont le nom ne figure pas sur le rôle des contributions, ne le paieront que 25 c.

Partant de ce principe, que l'État doit être le tuteur de ses mineurs, j'ai été conduit à vouloir que, pour la première fois seulement, le livret fût délivré au lieu de la naissance, afin que le mineur fût pris à son berceau et suivi jusqu'à sa mort. C'est aussi pour ce motif, que je l'ai rendu obligatoire et général.

Je ne suppose pas que cette mesure rencontre beaucoup d'adversaires sérieux, car, d'une part, le prix du livret est très minime pour tout le monde, et, quant à ceux qui le paient 3 fr., si la loi actuelle sur les passeports était scrupuleusement exécutée, il n'est peut-être pas un seul individu, qui, tous les ans, puisse se dispenser de s'en procurer un moyennant 2 fr.; d'autre part, les fonds provenant de la vente du livret produiront des résultats si avantageux pour tout le monde, qu'il faudrait être, je ne dirai pas mal intentionné, mais bien peu désireux de venir en aide à son pays, pour ne pas se soumettre avec empressement.

CHAPITRE II.

De l'Organisation et de l'Indication du Travail.

Les articles 14 et 15 s'expliquent d'eux-mêmes, surtout si on veut, en ce qui concerne l'article 15, jeter un coup-d'œil sur le tableau destiné à le rendre encore plus clair.

Les deux grandes questions du jour sont celles-ci : Y a-t-il en France assez de travail pour tous les travailleurs? Y a-t-il en France plus de travailleurs que de travail?

Je n'hésite pas à répondre oui à la première question, et non à la seconde. L'expérience seule prononcera pour ou contre moi.

Mais alors, me dira-t-on, pourquoi voit-on tous les jours dans les villes, dans les grandes villes surtout, tant d'ouvriers sans ouvrage?

La réponse est facile. C'est qu'il n'y a pas, dans chaque localité, une égale proportion entre les travailleurs et le travail; c'est qu'il y a surabondance à droite et pénurie à gauche; c'est qu'en un mot, il n'y a pas équilibre.

C'est pour établir cet équilibre, sans lequel il ne peut y avoir ni bonheur, ni tranquillité, ni bien-être, que j'ai rédigé les articles 14, 15 et 16.

C'est pour mettre à même tout honnête et bon ouvrier de vivre en travaillant; mais c'est aussi pour surprendre le mauvais travailleur, le fauteur de troubles, celui qui vit d'une manière illicite et dangereuse pour la famille, en flagrant délit d'oisiveté; c'est pour lui prouver que ce n'est pas le travail, mais le courage qui lui manque; c'est enfin et surtout, pour que chaque commune, sur toute l'étendue du territoire, n'ait absolument dans son sein que ceux qui vivent en travaillant, ou qui justifient de leurs moyens d'existence.

Ordinairement, ce ne sont pas les originaires d'une commune qui se plaignent de manquer d'ouvrage, ce sont ceux qui sont habitués à changer de place, à mener une vie nomade. Ceux-là laissent leur femme et leurs enfans au pays. Il n'y aurait donc aucun inconvénient à les diriger avec itinéraire tracé et secours de route sur un autre point, quand il est reconnu que le travail manque sur celui où ils se trouvent.

CHAPITRE III.

Des Voies répressives.

A ceux qui me reprocheraient de porter atteinte à la liberté, je dirais :

Les lois actuelles qui nous régissent tous, sous lesquelles nous ployons tous, ne portent-elles pas atteinte à la liberté, lorsqu'elles autorisent le magistrat instructeur à faire mettre en état d'arrestation un citoyen sur lequel plane un simple soupçon, et que souvent il est obligé de relâcher comme innocent? Cependant, quelle réparation donne-t-on à ce citoyen, frappé publiquement dans son honneur, dans sa famille, dans sa liberté?

Les lois actuelles ne portent-elles pas atteinte à la liberté, quand elles autorisent encore, sur un simple soupçon, la perquisition domiciliaire, la saisie des papiers, la lecture des lettres de famille? Et, cependant, chacun les subit, ces lois, parce qu'elles ont été faites dans un but d'intérêt général et qu'on en comprend l'utilité.

Je fais un devoir du travail, et, en cela, je suis appuyé par le *National*, qui l'impose aussi à tout citoyen; mais après l'avoir mis, ce travail, à la disposition de l'ouvrier valide, fort et robuste, dites-moi, là, la main sur la conscience, ce que je dois faire de cet ouvrier rebelle à cette loi de nature éternelle : L'homme doit vivre en travaillant ! Faudra-t-il donc, pour ménager la liberté d'un seul, compromettre la sécurité de tous? Quand vous avez mis le travail à la disposition d'un homme, qui, à votre connaissance, n'a d'autres moyens d'existence que ses bras, si cet homme refuse de le faire, s'il déserte ce travail, votre ligne de conduite n'est-elle pas toute tracée? Qui donc pourra vous accuser de barbarie, d'injustice à son égard? Qui, au contraire, ne vous blâmera pas, si vous tolérez dans l'oisiveté et dans le vice, celui que vous avez mis dans l'impossibilité de vous dire : Je ne travaille pas, parce que je n'ai pas de travail ! Si je suis obligé de convenir avec M. de Lamartine qu'il est difficile de déterminer la limite entre la liberté que l'homme doit avoir et la licence, négation de toute liberté, je n'éprouve aucun embarras à déclarer que tout acte attentatoire aux lois qui régissent la société, doit mériter punition.

D'ailleurs, en punissant l'oisiveté, ne prévenez-vous pas le vice, souvent même le crime? Et puis, par qui seront jugés ces mauvais travailleurs? Par leurs frères, qu'ils auront eux-mêmes nommés ! N'avez-vous pas le droit de compter sur leur justice, sur leurs conseils ? Croyez-moi, les conseils d'égal à égal sont toujours bien mieux écoutés que ceux donnés de supérieur à inférieur.

CHAPITRE IV.

Des Caisses communales fraternelles.

Voilà le premier anneau de cette grande et belle chaîne qui entourera la France et qui rapprochera tous les citoyens !

Voilà la première pierre posée, par la République, au monument impérissable élevé à la fraternité !

Qui donc, en France, n'acceptera pas, avec bonheur, l'honorable tâche d'apporter sa pierre chacun selon sa force !

Plus d'aumône ! tout le monde est associé, tout le monde contribue. Dans la caisse fraternelle sont confondus : l'or du riche, l'argent de la bourgeoisie, le cuivre du prolétaire ! tout y est mêlé. La caisse est la propriété de tout nécessiteux. Elle est sous la sauvegarde du peuple, il saura la défendre ; elle soulage le malheur ; qui mieux que lui saura la respecter !

CHAPITRE V.

Des Récompenses matérielles et morales dans les villes.

Sans les intérêts matériels, il n'y a pas d'intérêts moraux.

Moralisons donc selon les exigences de la nature humaine.

Le soldat à l'armée, qui, sous le feu de l'ennemi, sauve la vie à son capitaine, est décoré de la légion d'honneur et mis à l'ordre du jour. N'est-il pas juste que le citoyen qui sauve son semblable, au péril de ses jours, sous le feu de l'incendie ou autrement, soit également désigné à l'estime et au respect de ses concitoyens?

Le soldat qui se signale par plusieurs actions d'éclat monte en grade et gagne l'épaulette. N'est-il pas juste que le citoyen, qui, lui aussi, fait des actions d'éclat, monte en grade, et finisse par obtenir la croix civique rapportant aussi 250 fr.?

Rentré dans ses foyers avec ses états de service, qui valent bien les plus beaux titres de noblesse, le soldat, élevé à l'école de l'honneur, saura mourir avant d'y forfaire; et, en léguant sa croix à ses enfans, il leur lèguera aussi les vertus qui font le bon citoyen.

Le fils du légionnaire ne voudra pas salir la mémoire de son père.

Encourageons les traditions.

Le citoyen des villes aura aussi ses états de service, ses titres de noblesse; lui aussi, en mourant, lèguera sa croix à ses enfans, et avec elle les sentimens honorables qui font l'honnête homme.

Le fils du citoyen décoré voudra marcher sur les traces de son père.

Non, la colonne d'honneur n'est point une puérilité.

Dans les campagnes.

La France est essentiellement agricole, et la prospérité, l'émulation, introduites dans nos campagnes, suffiraient assurément pour empêcher l'émigration de nos paysans dans les villes, et par suite cet encombrement dans l'industrie, dont tout le monde se plaint.

Pour faire naître cette prospérité, je ne vois, jusqu'à présent, qu'un seul moyen efficace : la création de banques agricoles, des encouragemens au travail, aux abondantes récoltes et à l'emploi des bonnes méthodes.

L'encouragement direct de l'État serait inefficace, eu égard à la grande diffusion des propriétés et à l'immense variété du sol et des cultures.

L'État doit donc encourager la création des jurys agricoles dans des circonscriptions de territoire assez restreintes, pour que leur influence, leur surveillance, leurs conseils puissent s'étendre à toutes les parties de la commune.

C'est pour cela que j'ai pensé qu'il serait bon d'établir un jury agricole par canton.

Ces jurys, dont le nombre des membres serait égal à celui des communes, et dont l'action s'étendrait sur chaque commune, produiraient, je crois, un bon effet.

Comme complément des jurys cantonnaux, chaque commune importante pourrait avoir à la disposition de ses habitans quelques-unes des principales machines agricoles que l'on ne peut trouver que dans des exploitations importantes.

Ces machines seraient, par exemple, le batteur mécanique pour les céréales, le semoir mécanique, la charrue américaine, etc.

Ces machines seraient placées sous la surveillance de l'instituteur, et louées aux cultivateurs moyennant une redevance, dont la quotité suffirait à couvrir l'intérêt de l'argent avancé, l'entretien et l'usure.

J'insisterai surtout sur la création des médailles, croix et brevets, car le sentiment de l'honneur agricole a besoin d'être relevé, et il faut, à tout prix, empêcher l'émigration.

Faciliter l'achat ou le louage d'outils perfectionnés, de machines accélérant le travail et réduisant la façon, les donner en primes, c'est, je crois, le moyen de convertir facilement les plus routiniers.

Comme conséquence forcée de cet ensemble d'articles renfermés dans le chapitre traitant des récompenses agricoles, pourra naître, avec la considération, l'aisance; avec l'aisance, l'instruction, la moralisation, et, pour complément, l'habitation des gens riches dans les campagnes, d'où, encore, l'amélioration des voies de transport et le bien-être de l'industrie.

CHAPITRE VI.

Des Fonds provenant de la vente du Livret.

C'est ici, Citoyens Représentans, que je vais vous faire connaître les ressources avec lesquelles je puis, sans entraîner l'État dans de grands sacrifices, organiser et exécuter un plan, pour la réalisation duquel je signerais volontiers et de suite l'abandon de dix années de ma vie, tant j'ai foi dans les bons résultats qu'il produira, tant mon désir de procurer la tranquillité à mon pays est ardent et sincère.

Outre les récompenses promises aux articles 40, 41, 45, 46, 52, 53 et 54 du chapitre V, j'ai à pourvoir à une multitude de frais.

Je vais les énumérer.

Voici mon budget approximatif des recettes et des dépenses pour un an :

BUDGET DES RECETTES.

Recette pour deux ans............................... 15,949,506 fr.

Voici comment je trouve cette somme :

Ne faisant payer le livret 3 fr. qu'à ceux qui sont inscrits aux rôles des contributions, j'ai dû prendre le chiffre des cotes personnelles en France.

Ce chiffre, facile à vérifier, est de 5,316,502.

Mon livret étant payé 3 fr., je multiplie 5,316,502
par 3

et je trouve................................. 15,949,506f chiffre de mes recettes.

Je fais payer le livret 3 fr. à ceux qui sont inscrits aux rôles des contributions, mais je n'exige que 25 c. de tous les autres. Or, en deux années, j'aurai à en délivrer au moins vingt millions, si je comprends les citoyens qui, chaque année, auront acquis vingt ans.

Il me faut donc vingt millions de livrets pour deux ans. D'après les renseignemens que j'ai pris, le livret, tel que je l'ai prescrit, me coûtera 15 centimes.

Je multiplie 20,000,000
par 15c

ce qui me donne 3,000,000 dans lesquels je rentre en vendant mon livret vingt-cinq centimes à douze millions d'individus seulement.

12,000,000
25c

60,000,000
24,000,000

3,000,000f00c

Je n'exagère donc pas en portant ma recette à 15,949,506 fr., et c'est parce que je rentre, ainsi que je viens de le démontrer, dans cette somme de trois millions, que je me suis dispensé de faire figurer les frais de confection des livrets au budget des dépenses.

BUDGET DES DÉPENSES.

Dépenses pour un an.. 7,205,522f

Pour registres, répertoires et impressions diverses à fournir, tant dans les mairies pour l'organisation et l'indication du travail, que dans les bureaux des différens agens chargés du recouvrement de l'impôt fraternel, je n'ai pu me procurer de renseignemens précis, mais je crois exagérer beaucoup cette dépense en la portant à 30,000 fr. par département.

Je multiplie donc 30,000
par 86

180,000
2,400,000

je trouve............ 2,580,000f, ci........................ 2,580,000f

Je calcule qu'un employé de plus dans chaque mairie chef-lieu d'arrondissement, que deux employés de plus dans chaque mairie chef-lieu de département et dans chaque mairie de Paris suffiront au travail.

Or, il y a 287 arrondissemens à 1,000 fr. par employé, ci.. 287,000f

Deux employés de plus par mairie de chef-lieu de département à 1,000 fr. 86 / 86 }172, ci.. 172,000f

Pour Paris, deux employés de plus par mairie à.............. 1,500 fr. 12 / 12 / 24

1,500
24

6,000
30,000

36,000, ci............................ 36,000f

} 495,000f

A reporter............... 3,075,000f

Report........... 3,075,000f

D'après mon plan, il serait établi un jury agricole par canton. Il y a en France 2,846 cantons.

Chaque jury pourrait disposer par an, et par canton, de trois médailles de bronze, comportant chacune un don de 60 fr.

Pour savoir le nombre des médailles que je dois tenir à la disposition des jurys chaque année, je multiplie................. 2,846 (Nombre des cantons.)
par 3 (*Id.* des médailles.)

et je trouve......... 8,538 médailles.

Chaque médaille rapportant 60 fr., je multiplie
8,538
par 60

et je trouve......... 512,280 fr., somme que je dois tenir chaque année à la disposition des jurys, ci...... 512,280f

Chaque médaille est accompagnée d'un brevet signé du président de la République. Ayant trouvé plus haut 8,538 médailles, je dois avoir 8,538 brevets. Calculant le brevet à 1 fr., ci........................ 8,538f

Pour frais de confection des médailles, je suppose que chaque médaille coûte 3 fr., je multiplie 8,638
par 3

et je trouve........ 25,614, ci.................... 25,614f

(Total des deux articles ci-dessus : 34,152f)

Chaque jury a également des récompenses à décerner aux femmes de la campagne. Calculant sur 3 femmes par canton et à raison de 25 fr. par femme pour récompense, soit en argent, soit en nature, je multiplie........... 2,846 (Nombre des cantons.)
par 3 (*Id.* des fem. à récompenser.)

et je trouve.... 8,538 que je
multiplie par 25f

42,690
170,770

C'est donc 213,450 fr. qu'il faut que je tienne en-

A reporter......... 3,621,432f

Report............. 3,621,432f

core, chaque année, à la disposition des jurys, ci.... 213,450f

Pour les récompenses accordées pour belles actions, j'ai aussi à pourvoir aux frais de confection de médailles de bronze et d'argent qui peuvent être distribuées dès la première année. Calculant qu'il en sera distribué deux dans chaque commune de France; savoir : une de bronze, rapportant 30 fr., et une d'argent, rapportant 50 fr.

Il y a en France 37,040 communes.
Je multiplie par 3f (Somme que pourra coûter la méd[lle] de bronze.)

je trouve.... ..... 111,120f, ci............ 111,120f

Multipliant maintenant 37,040, nombre des médailles, par 30f (Somme que produit la médaille.)

je trouve........... 1,111,200f, ci.... 1,111,200f

Multipliant encore 37,040 (Nombre de médailles.)
par 50 (Somme que rapportera la médaille d'argent)

je trouve........... 1,852,000, ci.......... 1,852,000f

Je multiplie 37,040 (Nombre des médailles.)
par 6 (Somme à laquelle j'évalue la confection de la médaille d'argent.)

je trouve... 222,240, ci.................... 222,240f

Ayant à distribuer annuellement
37,040 médailles en bronze,
plus 37,040 *id.* en argent,
il me faut 74,080 brevets.

Calculant, comme je l'ai déjà fait plus haut, le brevet à 1 fr., ci.................... 74,080f

(Total des articles ci-dessus) 3,370,640f

7,205,522f

Somme à répartir entre toutes les communes rurales pour les aider à élever la colonne d'honneur, ci, pour la première année seulement........................ 1,000,000f

Dépenses imprévues pour la première année........ 38,462f

8,243,984f

C'est donc avec la somme de 7,205,522 fr. que je puis tous les ans assurer ce vaste service.

La première année, j'aide les communes rurales en leur abandonnant, pour l'érection de leur colonne d'honneur, une somme de 1,000,000; mais c'est une dépense extraordinaire qui ne se renouvelle pas.

Dépenses en 1849	8,243,984f
Dépenses en 1850	7,205,522f
Total	15,449,506f
Recettes pour deux ans	15,949,506f
Dépenses pour deux ans	14,411,044f
Différence	1,538,462f

que je réserve pour dépenses imprévues pendant les deux années.

Maintenant, je vais indiquer la part pour laquelle l'État devra intervenir.

J'ai dit, article 53, que celui qui aura obtenu deux années de suite la médaille de bronze, recevra un brevet, une somme de 30 fr., et un des instrumens aratoires perfectionnés. Ce n'est donc que la troisième année que l'on aura à pourvoir à cette dépense.

Mais supposons que dans chaque canton il y ait un citoyen auquel on puisse décerner cette récompense. Comme il y a en France 2,846 cantons,

il me faudra 2,846 brevets.
idem 2,846 médailles.
et 2,846 fois trente francs.

Brevets à 1 fr.	2,846f	11,384f	96,764f
Médailles à 3 fr.	8,538f		
Chaque médaille rapportant 30 fr., je multiplie 2,846 par 30 je trouve 85,380f, ci.		85,380f	
A reporter			96,764f

Report........... 96,764f

Supposant qu'il faille acheter un instrument par canton, et que chaque instrument coûte 200 fr.,

je multiplie 2,846 (nombre des cantons.)
par 200 (somme que coûtera l'instrumt.)

et je trouve 569,200f, ci.. 569,200f

TOTAL..................... 665,964f

A partir de la troisième année, cette somme de 665,964 fr. devra être mise tous les ans à la disposition des jurys. La cinquième année, celui qui aura déjà obtenu quatre médailles de bronze, recevra celle d'argent, qui entraînera le paiement d'une somme de 300 fr. une fois donnée. Ce cas sera rare; mais je suppose qu'il se trouve un méritant sur deux cantons.

Je prends la moitié de 2,846, nombre des cantons,
et je trouve 1,423
que je multiplie par 300f

C'est donc 426,900f que je dois tenir tous les ans à la disposition des jurys, mais seulement à partir de la cinquième année, ci.................. 426,900f

Pour médailles d'argent, à 6 fr. la médaille............ 1,423
multiplié par 6

8,538f, ci....................... 8,538f

Pour 1,423 brevets, à 1 fr., ci............ 1,423f

(ensemble) 436,861f

Somme à fournir par l'État à partir de la cinquième année.. 1,102,825f

Celui qui aura obtenu six médailles de bronze (six ans) et une médaille d'argent (quatre ans), recevra la médaille d'or, qui rapportera 125 fr. de pension. Je désirerais qu'il y en eût beaucoup; mais je crois que le nombre en sera très restreint.

A reporter........ 1,102,825f

Report............ 1,102,825f

Calculant sur 4,000 individus en France qui auront mérité cette médaille,

je multiplie 4,000
par 125

20,000
80,000
400,000

et je trouve 500,000f qu'il faut tenir disponibles tous les ans, ci.............................. 500,000f

Calculant la médaille d'or à 12 fr.,

je multiplie 4,000
par 12

et je trouve 48,000f, ci........................ 48,000f

4,000 brevets à 1 fr., ci..................... 4,000f

552,000f

J'ai également promis, article 41, la croix civique, rapportant 250 fr. de pension à celui qui aura obtenu dix médailles de bronze (dix ans) et dont le nom aura été inscrit dix fois sur la colonne d'honneur. Supposant qu'il y ait 4,000 individus par an en France auxquels il faudra distribuer la croix civique,

je multiplie 4,000
par 250

200,000
800,000

1,000,000f, ci................. 1,000,000f

Confection de croix et de brevets........ 52,000f

(Total des articles ci-dessus : 1,604,000f)

Somme à fournir par l'État à partir de la 10e année 2,706,825f

Enfin, pour finir et achever l'article 53, j'ai promis la croix agraire, rapportant 250 fr. de pension

A reporter........... 2,706,825f

Report.	2,706,825f
viagère au laboureur qui aura obtenu six médailles de bronze (six ans) et deux d'argent (huit ans).	
Supposant que 4,000 individus, par an (à partir de la quatorzième année), aient obtenu cette décoration, je fais le même calcul que ci-dessus, et je trouve, par conséquent, la même somme, ci........................	1,052,000f
Somme à fournir par l'État à partir de la 14e année.	3,758,825f

L'État n'interviendra donc pour la somme totale de trois millions sept cent cinquante-huit mille huit cent vingt-cinq francs, qu'à partir de la quatorzième année.

Voici maintenant quelles seront annuellement ses charges, avant d'arriver à la période indiquée ci-dessus, en négligeant de tenir compte de la somme résultant annuellement du produit des passeports, dont l'abandon sera consenti.

Dans trois ans, à partir du jour où ce plan sera mis à exécution, l'État interviendra pour..................		665,964f
Dans cinq ans, *idem*.........................	665,964f 436,861	1,102,825f
Dans dix ans, *idem*.........................	1,102,825f 1,604,000	2,706,825f
Dans quatorze ans, *idem*.....................	2,706,825f 1,052,000	3,758,825f

CHAPITRE VII.

Des Bagnes.

Chacun reconnaîtra l'urgente nécessité de porter remède à un état de choses contraire aux principes d'ordre et d'humanité dont est animée la République.

L'espoir sera rendu à l'homme qui aura commis une faute

ou un crime, et cet espoir contribuera beaucoup à le ramener au bien.

Après avoir expié son crime, après avoir été lavé aux yeux de ses concitoyens, il ne sera plus obligé, une fois rentré dans la société, de choisir entre la misère, la mort ou l'assassinat.

Citoyens Représentans, ne vous effrayez pas des entraves et des difficultés qui sont toujours l'indispensable cortége de toute organisation nouvelle.

Le suffrage universel offrait de grandes complications pour l'exécution, cependant nous savons tous maintenant, par l'expérience, que ces difficultés n'étaient pas des impossibilités.

Je regarde le projet que je vous soumets comme très praticable; mais si, pour quelques-uns, il paraissait impossible, j'ai la confiance que cette impossibilité s'évanouira devant votre patriotisme et la volonté ferme dont vous êtes tous animés de faire aimer et chérir la République.

Recevez, Citoyens Représentans, le salut fraternel avec lequel je suis votre dévoué concitoyen.

L.-A. GIRAUD.

Périgueux, ce 30 septembre 1848.

Périgueux. — Impr. FAURE et RASTOUIL.

www.ingramcontent.com/pod-product-compliance
Ingram Content Group UK Ltd.
Pitfield, Milton Keynes, MK11 3LW, UK
UKHW021005120726
13693UKWH00004B/1782